școală - yachay wasi	2
călătorie - ch'usay	5
transport - astana	8
oraș - llaqta	10
peisaj - wanlla	14
restaurant - mikhuna wasi	17
supermarket - jatun qhatu	20
băuturi - upyanakuna	22
mâncare - mikhuna	23
gospodărie țărănească - chakra wasi	27
casă - wasi	31
cameră de zi - k'illi wanlla	33
bucătărie - wayk'una wasi	35
baie - akana wasi	38
camera copiilor - wawa k'uchu	42
îmbrăcăminte - p'acha	44
birou - ujisina	49
economie - qullqikamay	51
ocupații - llamk'aykuna	53
instrumente - ruk'awi	56
instrumente muzicale - takichiy nakuna	57
grădină zoologică - jatun uywa kancha	59
sport - atipanaku pukllay	62
activități - ruwakuna	63
familie - yawar masikuna	67
corp - uqhu	68
spital - Jampina wasi	72
urgență - urjinsia	76
pământ - Pacha	77
ceas - phani (kuna)	79
săptămână - qanchischaw	80
an - wata	81
forme - pacha tupusqa rikch'ay	83
culori - llimp'ikuna	84
antonime - wakjinakuna	85
cifre - yupaykuna	88
limbi - simikuna	90
cine/ce/cum - pi / ima / imayna	91
unde - maypi	92

Impressum
Verlag: BABADADA GmbH, Nedderfeld 112 , 22529 Hamburg
Geschäftsführer / Verlagsleitung: Harald Hof
Druck: Books on Demand GmbH, In de Tarpen 42, 22848 Norderstedt

Imprint
Publisher: BABADADA GmbH, Nedderfeld 112 , 22529 Hamburg, Germany
Managing Director / Publishing direction: Harald Hof
Print: Books on Demand GmbH, In de Tarpen 42, 22848 Norderstedt

școală
yachay wasi

- a împărți — rak'iy
- tablă — pirqa qillqana
- sală de clasă — yachaqaywasi
- curte a școlii — kancha
- profesor — yachachiq
- hârtie — raphi
- a scrie — qillqay
- instrument de scris — qillqana
- birou — llamk'a jamp'ara
- riglă — chiqanchana
- carte — p'anqa
- elev — yachaqaq

ghiozdan
wayaqa

penar
p'uktaki llimp'i qillqana

creion
yana qillqana

ascuțitoare
ñawch'ina

radieră
qillqakhituna

bloc de desen
qillqana p'anqa siq'inapaq

desen
siq'i

pensulă
chukcha llimp'ina

cutie de acuarele
p'uktaki llimp'ikuna

foarfece
k'utuna

lipici
k'akachana

caiet de exerciții
qillqana p'anqa ruwanakuna

temă
kamachinakuna

număr
yupay

a aduna
yapay

a scădea
qhichuqay

a multiplica
mirachay

a calcula
yupanchay

literă
sanampa

alfabet
sanampakuna

cuvânt
simi rimay

școală - yachay wasi

text	a citi	cretă
qillqa	ñawiriy	iskuna
	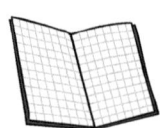	
oră	catalog	examen
yachachina	qillqana p'anqacha	chaninchana

certificat	uniformă școlară	educație
certificaru	uniforme	yachay

enciclopedie	universitate	microscop
jatun simi pirwa	Jatun yachaywasi	microscopio
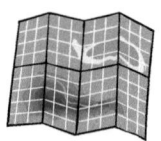		
hartă	coș de gunoi	
saywa siq'i	raphi chuqana	

școală - yachay wasi

călătorie
ch'usay

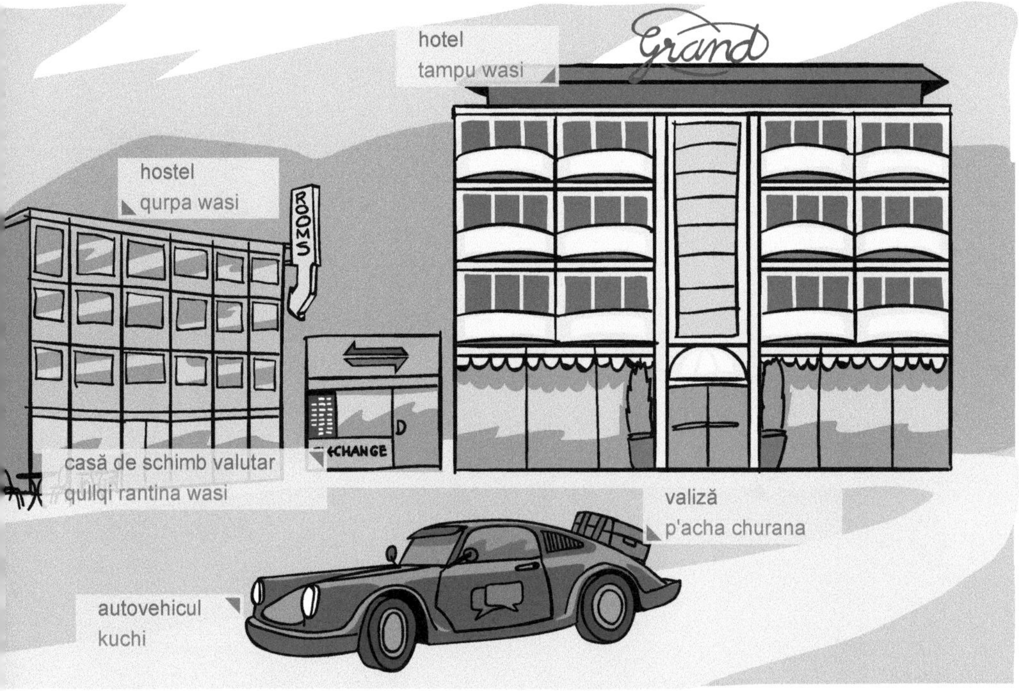

hotel
tampu wasi
Grand
hostel
qurpa wasi
ROOMS
casă de schimb valutar
qullqi rantina wasi
CHANGE
valiză
p'acha churana
autovehicul
kuchi

limbă
simi

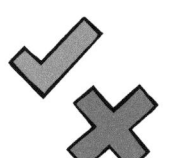

da/nu
ari / mana

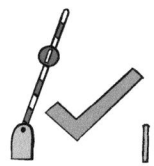

okay
ari

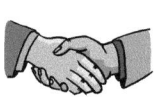

Bună!
Imaynalla

interpret
tikraq

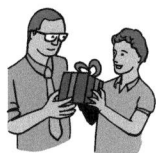

mulțumesc
Pachi

Cât costă...?
¡Machkhataq?

Nu înțeleg
Mana yachanichu

problemă
ch'ampay

Bună seara!
¡Allin tuta!

Bună dimineața!
¡Allin P'unchaw!

Noapte bună!
¡Allin tuta!

la revedere
tinkunakama

direcție
pusachay wasi

bagaj
q'ipi

geantă
wayaqa

rucsac
wasa wayaqa

oaspete
jamuynisqa

cameră
wasi

sac de dormit
puñunapaq wayaqa

cort
tienda

călătorie - ch'usay

punct de informare turistică

turismu willakuy

plajă

quchapata

carte de credit

tarjita kriditumanta

mic dejun

paqarin mikhuy

masa de prânz

chawpi p'unchaw mikhuy

cină

tuta mikhuy

bilet de călătorie

qullqi

lift

makina wicharinapaq

timbru poștal

unanchana

graniță

saywa

vamă

adwana

ambasadă

imwajada

viză

visa

pașaport

pasapurti

călătorie - ch'usay

transport
astana

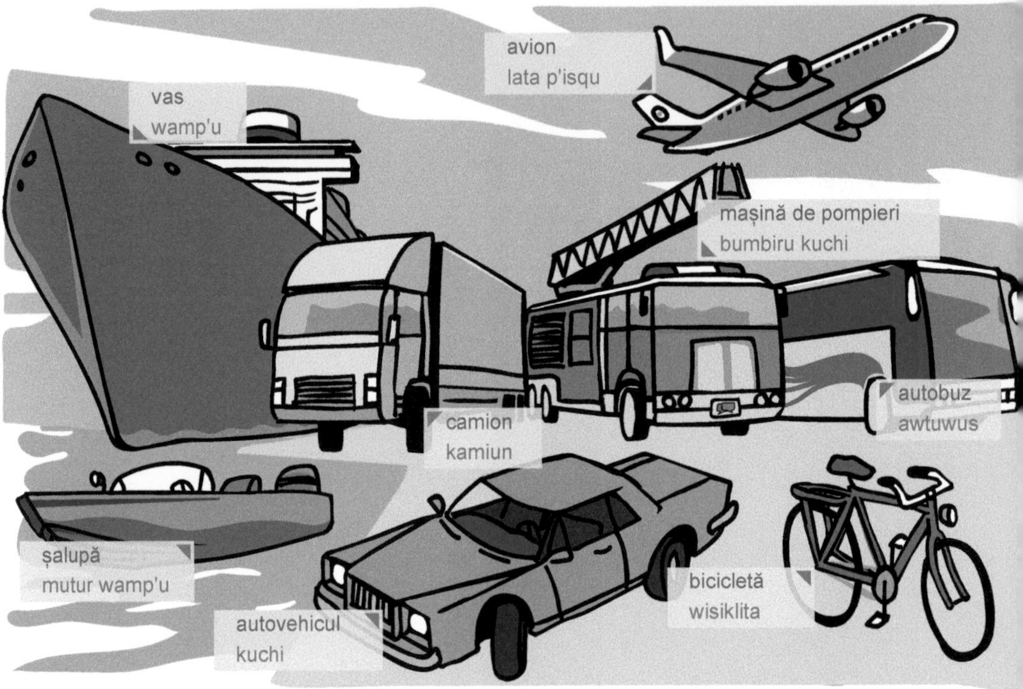

avion
lata p'isqu

vas
wamp'u

mașină de pompieri
bumbiru kuchi

autobuz
awtuwus

camion
kamiun

șalupă
mutur wamp'u

bicicletă
wisiklita

autovehicul
kuchi

feribot
quchacha

barcă
wamp'u

motocicletă
mutu

mașină de poliție
pulisiyap autun

mașină de curse
usqay karru

mașină închiriată
kuchi manukuna

car sharing	mașină de tractat	mașină de gunoi
kuchi manu	grua	q'upa kamiun

motor	combustibil	benzinărie
mutur	gasulina	gasulinamanta istasiun

 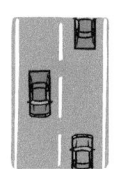 

semn de circulație	trafic	ambuteiaj
chakatana sanampa	trajiku	chakatana

parcare	gară	șine
istasiun	trin estasiun	ñankuna

 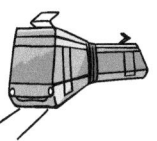 

tren	tramvai	vagon
trin	tranwia	wagun

transport - astana

elicopter
ilikuptiru

aeroport
lata p'isqu kiti

turn
pukara

pasager
pasaqlla

container
jatun p'uktaki

carton
karton p'uktaki

căruță
kapachu

coș
isanka

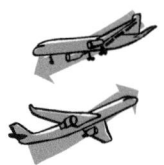
a decola/a ateriza
phaway / uray

oraș
llaqta

sat
llaqta

centru
chawpi jatun llaqta

casă
wasi

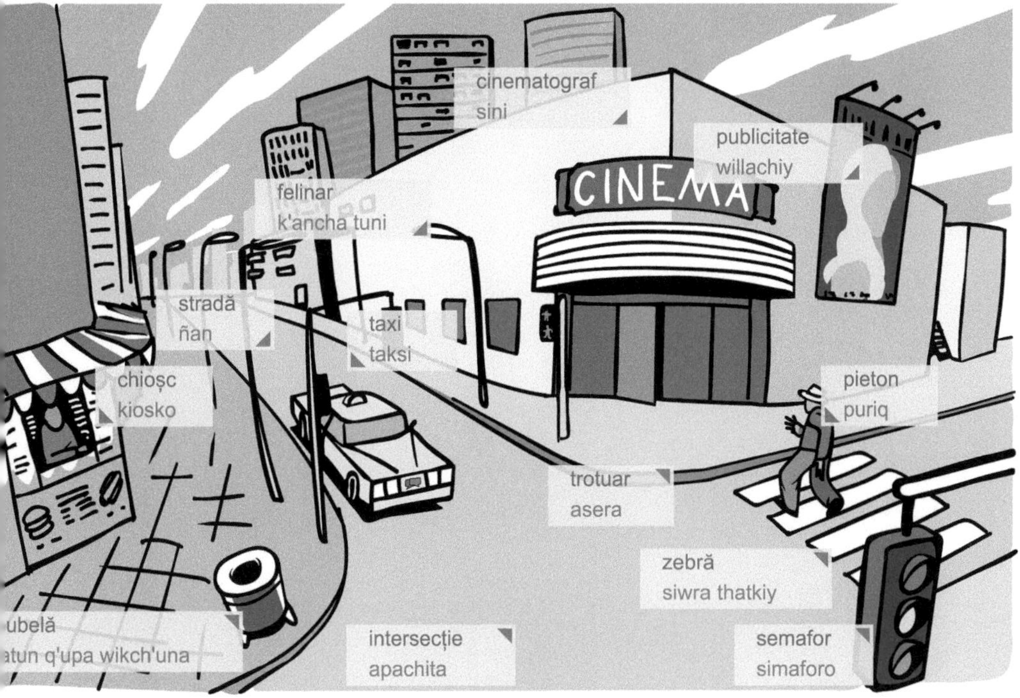

cinematograf
sini

publicitate
willachiy

felinar
k'ancha tuni

stradă
ñan

taxi
taksi

pieton
puriq

chioșc
kiosko

trotuar
asera

zebră
siwra thatkiy

ubelă
atun q'upa wikch'una

intersecție
apachita

semafor
simaforo

cabană
ch'ullka

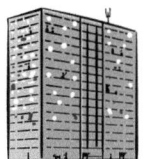

apartament
apartamento

gară
trin estasiun

primărie
tantanakuy wasi

muzeu
rikuchina wasi

școală
yachay wasi

oraș - llaqta

universitate
Jatun yachaywasi

bancă
qullqi pirwa

spital
Jampina wasi

hotel
tampu wasi

farmacie
jampi ranqhana wasi

birou
ujisina

librărie
p'anqa pirwa

magazin
tienda

florărie
t'ika wasi

supermarket
jatun qhatu

piață
qhatu

magazin universal
jatun pirwa

comerciant de pește
challwa wasi

centru comercial
jatun rantina wasi

port
wamp'u qhispinan

oraș - llaqta

parc

jark'asqa chiqan

bancă

qullqi pirwa

pod

chaka

trepte

wichana

metrou

metro

tunel

suqhu

stație de autobuz

autuwus sayana

bar

bar

restaurant

mikhuna wasi

cutie poștală

willa qillqa juch'uy wanqara

tăbliță indicatoare cu numele străzii

t'uqsi tuni

parcometru

parkimetro

grădină zoologică

jatun uywa kancha

piscină

armakuna

moschee

meskita

oraș - llaqta

gospodărie țărănească — chakra wasi

poluare — pacha unquchiq

cimitir — Aya pampa

biserică — iñiy wasi

loc de joacă — pukllana kancha

templu — Qhapana

peisaj
wanlla

- frunză / raphi
- indicator / sanampa
- drumeț / puriq runa
- drum / ñan
- pajiște / waylla
- piatră / rumi
- copac / sach'a
- râu / mayu
- iarbă / sach'a
- floare / t'ika

peisaj - wanlla

vale
qhichwa

deal
muqu

lac
qucha

pădure
Sach'a sach'a

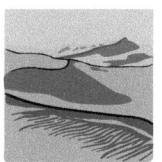
deșert
purun

vulcan
nina phuqchiq urqu

castel
kastilla wasi

curcubeu
k'uychi

ciupercă
champiñun

palmier
chunta

țânțar
ch'uspi

muscă
ch'uspi

furnică
sik'imira

albină
wara

păianjen
kusi kusi

peisaj - wanlla

gândac
ch'iqi

broască
k'ayra

veveriță
artilla

arici
askanku

iepure
liwre

bufniță
ch'usiqa

pasăre
p'isqu

lebădă
yuku p'isqu

porc mistreț
sintiru

cerb
sierwu

elan
alsi

dig
waykhasqa

turbină eoliană
wayrakallpa

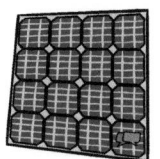
panou solar
inti panil

climă
pacha wayra

peisaj - wanlla

restaurant
mikhuna wasi

chelnăr
wayna yanapaq

meniu
menu

scaun
tiyana

pizza
pitsa

supă
supa

faţă de masă
mast'a jamp'ara

tacâmuri
tumina

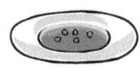

antreu
ñawpaq mikhuna

fel principal
yari mikhuna

desert
mikhuy yapa

băuturi
upyanakuna

mâncare
mikhuna

sticlă
wutilla

restaurant - mikhuna wasi

fastfood
saqra ura

streetfood
kalli mikhuna

ceainic
te churana

zaharniță
misk'i churana

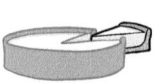
porție
chhika

espressor
cajitira iksprisu

scaun înalt (pentru copii)
jatun tiyana

factură
yupay

tavă
bandija

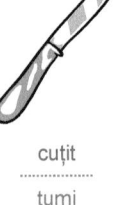
cuțit
tumi

furculiță
tinidur

lingură
wislla uña

linguriță
juch'uy wislla uña

șervețel
simi pichana

pahar
qhispi akilla

restaurant - mikhuna wasi

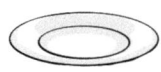

farfurie
chuwa

farfurie de supă
chuwa

farfurie
chuwa

sos
salsa

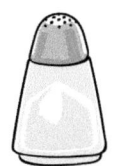

solniță
kachi churana

râșniță de piper
pimienta kutana

oțet
k'allkucha

ulei
llukllu

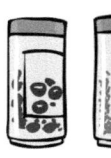

condimente
ch'aki q'mirkuna

ketchup
ketchup

muștar
mostaza

maioneză
mayonisa

restaurant - mikhuna wasi

supermarket
jatun qhatu

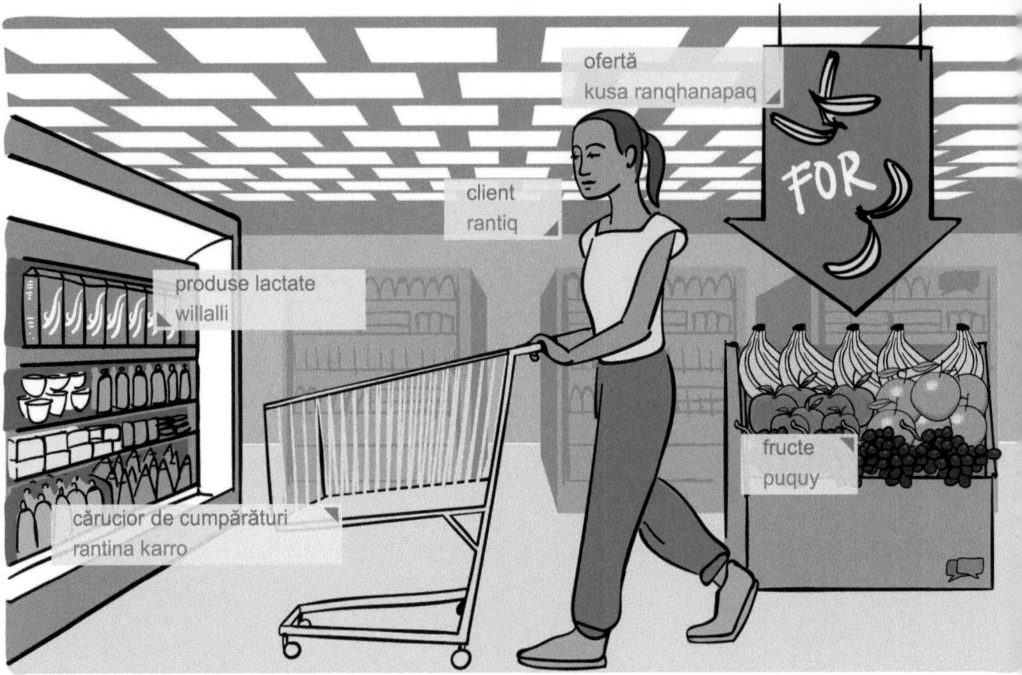

ofertă
kusa ranqhanapaq
client
rantiq
produse lactate
willalli
FOR
fructe
puquy
cărucior de cumpărături
rantina karro

BUTCHERS

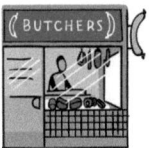

măcelărie

aicha wasi

BAKERY

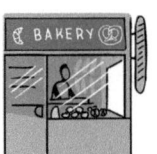

brutărie

t'anta wasi

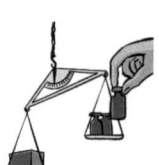

a cântări

llasay

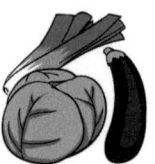

legume

q'umirkuna

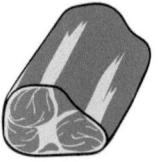

carne

aycha

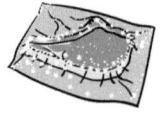

alimente refrigerate

chhullunka mikhuna

mezeluri și brânzeturi feliate
quqawi

conserve
mikhuna unaychasqa

detergent
ditirjinti

dulciuri
misk'ikuna

articole de menaj
wasimanta pruduktu

produse de curățenie
maylla produkto

vânzătoare
ranqhaq

casă
kartun p'uktaki

casier
kajiru

listă de cumpărături
sinru qillqa rantina

orar
sumaq runa uyarina phani

portmoneu
qullqi wayaqa

carte de credit
tarjita kriditumanta

geantă
plastiko wayaqa

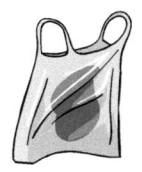
pungă de plastic
plastiku wayaqa

supermarket - jatun qhatu

băuturi
upyanakuna

apă
yaku

suc
jilli

lapte
ch'awa

cola
coca cola

vin
vino

bere
sirwisa

alcool
alkula

cacao
kakawu

ceai
te

cafea
caji

espresso
ieksprisu

cappucino
capuchinu

mâncare
mikhuna

banane
platanu

măr
mansana

portocală
laranja

pepene
milun

lămâie
limun

morcov
sanawrya

usturoi
aju

bambus
wamwu

ceapă
siwulla

ciupercă
champiñun

nuci
awillana

paste făinoase
jirius

spagheti	orez	salată
ispawiti	arrus	sarsa

cartofi prăjiți	cartofi țărănești	pizza
papa kanka	papa kanka	pitsa

hamburger	sandwich	șnițel
amwirkisa	sanwich	jiliti

șuncă	salam	cârnați
jamun	salami	salchicha

pui	friptură	pește
chichilu	aycha kanka	challwa

mâncare - mikhuna

fulgi de ovăz	musli	cereale
p'aqa awina	muesli	p'aqa sara

făină	corn	chifle
jak'u	krwasan	k'awka

pâine	pâine prăjită	biscuiți
t'anta	t'anta jamk'a	khamuna

unt	brânză de vaci	prăjitură
mantikilla	ñuqñu	pastil

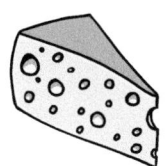

ou	ouă ochiuri	brânză
runtu	runtu kanka	masara

mâncare - mikhuna

înghețată   zahăr   miere
chullunka misk'i   misk'i   wayrunq'u misk'i

marmeladă   cremă nuga   curry
mirmilara   krima turrunmanta   kurri

mâncare - mikhuna

gospodărie țărănească
chakra wasi

casă țărănească
chakra wasi

șură
ch'aska pirwa

balot de paie
ichu q'ipi

câmp
chakra

cal
kawallu

remorcă
rimulki

mânz
wayna kawallu

tractor
traktor

măgar
asnu

miel
uchka

oaie
uchka

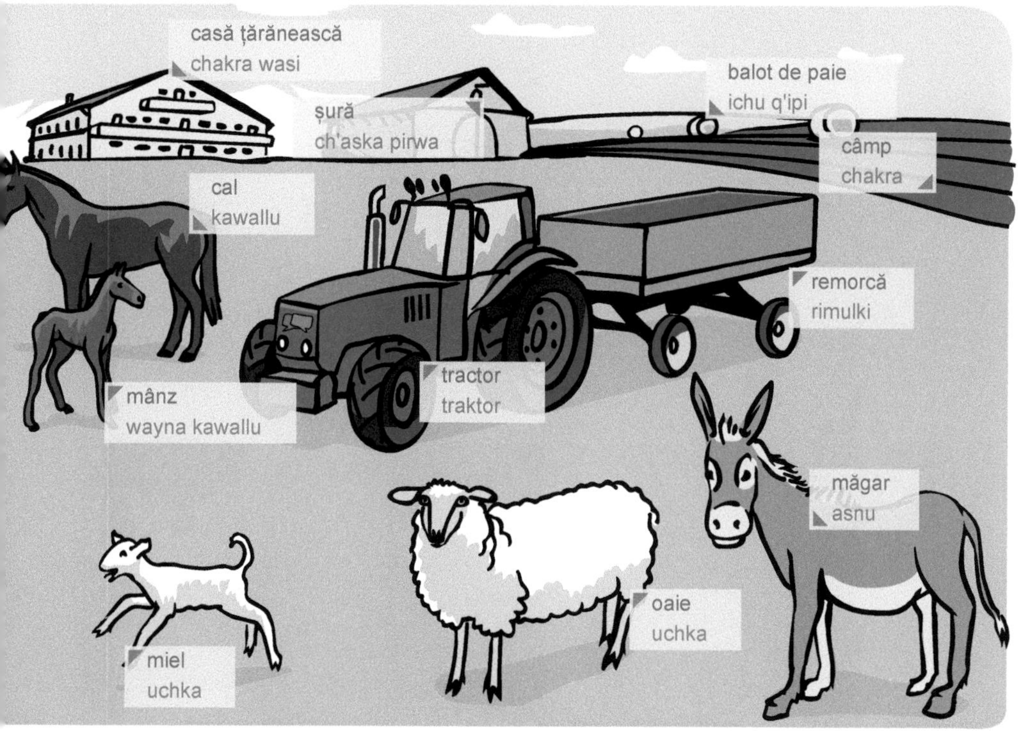

capră
karwa

vacă
waka

vițel
waka uña

porc
khuchi

purcel
khuchi uña

taur
turu

găină
wallata

rață
pili

pui
chchilu

găină
wallpa

cocoș
k'anka

șobolan
jatun juk'ucha

pisică
misi/michi

șoarece
juk'ucha

bou
turu

câine
alqu

cușcă
alquwasi

furtun de grădină
mankira

stropitoare
qarpana jalp'a

coasă
rutuna

plug
taklla

gospodărie țărănească - chakra wasi

seceră
rutuna

sapă
liwk'ana

furcă
sipina

secure
ayri

roabă
kapachu

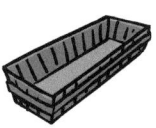
troacă
yaku upyana

cană pentru lapte
willalli purunku

sac
jatun wayaqa

gard
jark'aq ch'ipa

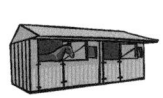
grajd
kancha wasi

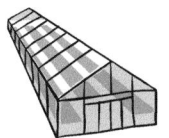
seră
inwirnadiru

sol
pampa

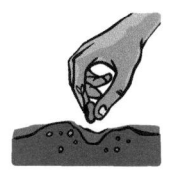
sămânță
muju

fertilizator
wanu

combină de treierat
makina allana

gospodărie țărănească - chakra wasi

a culege	recoltă	cartof yam
allay	allay	ñame

 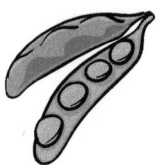 

grâu	soia	cartof
tiriwu	soya	papa

porumb	rapiță	pom fructifer
sara	kulsa luru	wayu sach'a

manioc	cereale
mandiuka	ch'aki puquy

gospodărie țărănească - chakra wasi

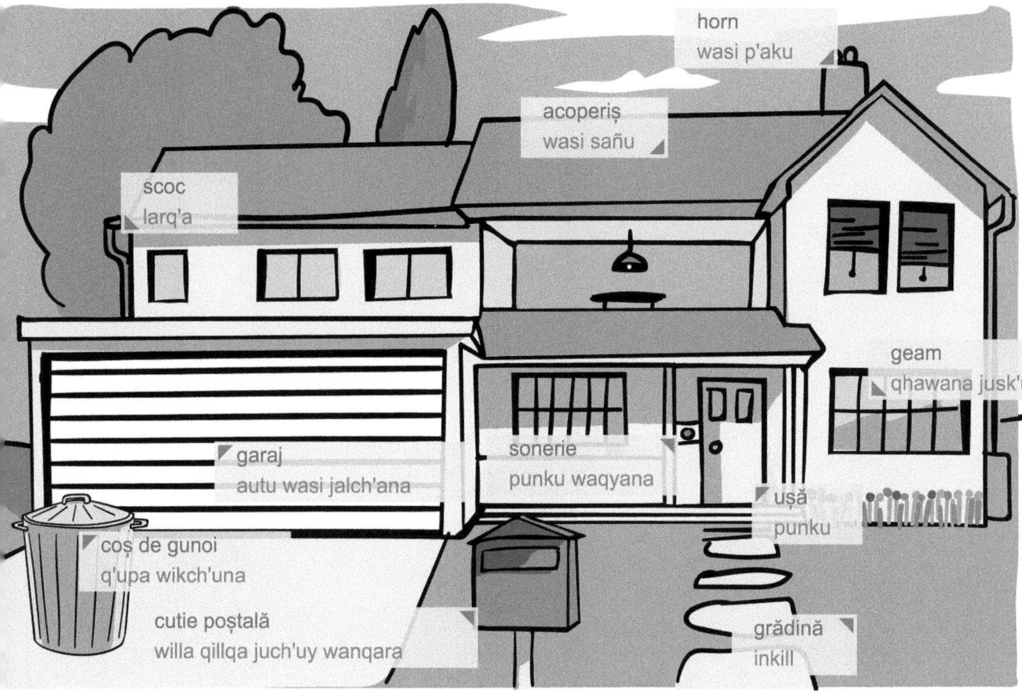

casă
wasi

horn
wasi p'aku

acoperiș
wasi sañu

scoc
larq'a

geam
qhawana jusk'u

garaj
autu wasi jalch'ana

sonerie
punku waqyana

ușă
punku

coș de gunoi
q'upa wikch'una

cutie poștală
willa qillqa juch'uy wanqara

grădină
inkill

cameră de zi
k'illi wanlla

baie
akana wasi

bucătărie
wayk'una wasi

dormitor
puñuna wasi

camera copiilor
wawa k'uchu

sufragerie
mikhuna k'uchu

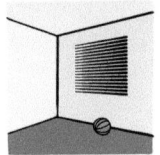

podea
pampa

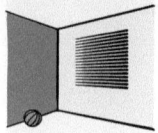

perete
pirqa

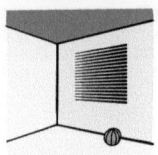

tavan
wasip khatan

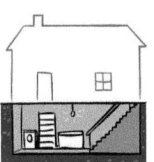

pivniță
wasi ukhun

saună
sawna

balcon
walkun

terasă
pirqa

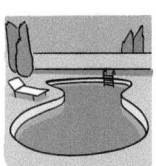

piscină
armakuna

mașină de tuns iarba
k'achina

cearșaf
iqana

cuvertură
khatana

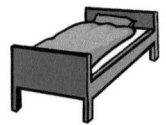

pat
puñuna

mătură
pichana

găleată
yaku aysana

întrerupător
k'ancha jap'ichiq

casă - wasi

cameră de zi
k'illi wanlla

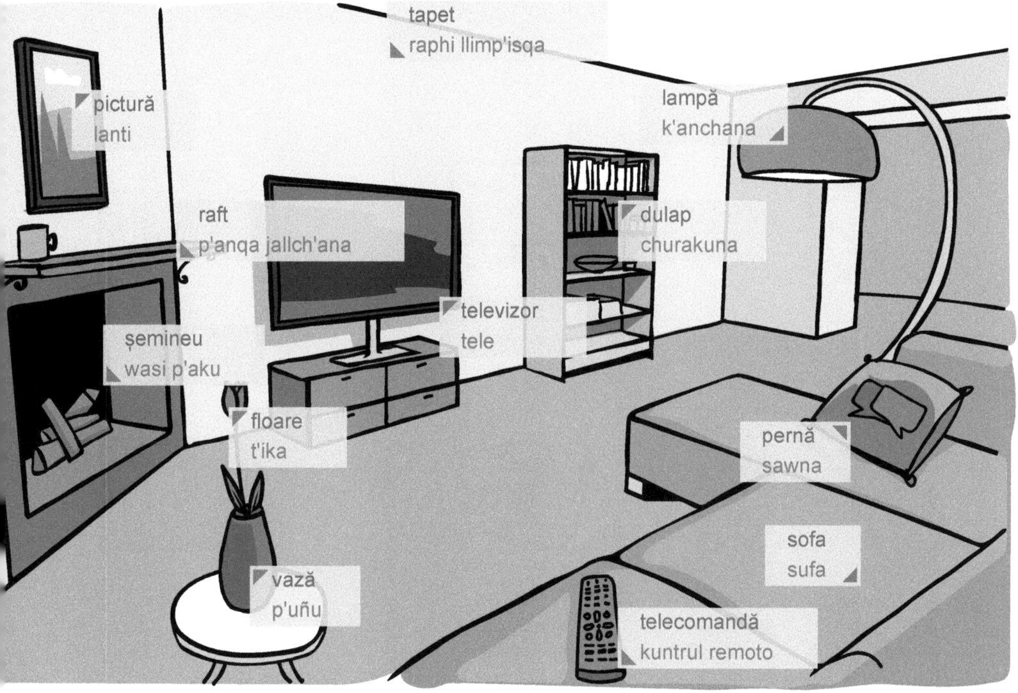

- tapet — raphi llimp'isqa
- pictură — lanti
- lampă — k'anchana
- raft — p'anqa jallch'ana
- dulap — churakuna
- șemineu — wasi p'aku
- televizor — tele
- floare — t'ika
- pernă — sawna
- sofa — sufa
- vază — p'uñu
- telecomandă — kuntrul remoto

covor
pampa mast'ana

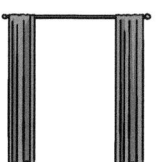

perdea
arapa

masă
jamp'ara

scaun
tiyana

balansoar
chhuku tiyana

fotoliu
kirana

carte
p'anqa

pătură
mast'a

decoraţiune
t'ikanchay

lemn de foc
llamt'a

film
pelikula

instalaţie stereo
takina ekipu

cheie
ch'atana

ziar
mit'awa

desen
llimp'i

poster
poster

radio
wayra simi

caiet de notiţe
qillqana p'anqa

aspirator
aspiradora

cactus
pukru

lumânare
ispilma

cameră de zi - k'illi wanlla

bucătărie
wayk'una wasi

frigider
qhasayachina

cuptor cu microunde
mikruunda

cântar de bucătărie
llasana

prăjitor de pâine
tostadora

detergent
ditirginti

răcitor
ch'ullunkachina

cuptor
p'ukuru

coș de gunoi
q'upa wikch'una

mașină de spălat vase
lavavajilla

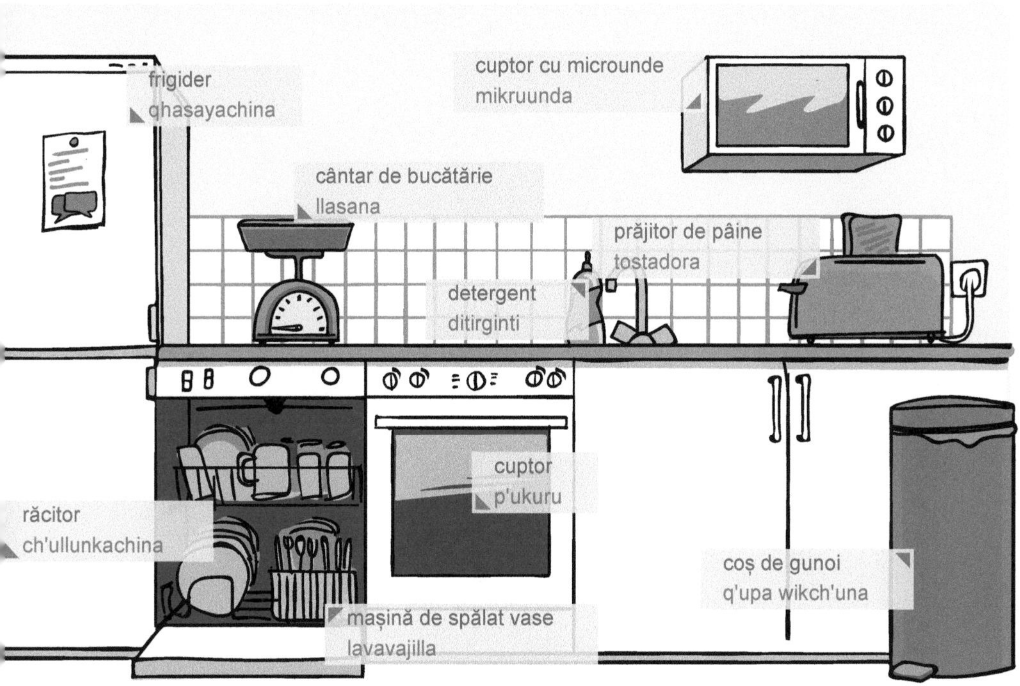

cuptor
presiun manka

oală
manka

oală de metal
q'illa manka

wok/kadai
wok

tigaie
payla

ceainic
thimpuchina

bucătărie - wayk'una wasi   35

oală de gătit cu aburi
wapsina

tavă de copt
p'ukuru punku

veselă
vajilla

pahar
tasa

bol
tason

bețișoare
palillo

polonic
wislla

spatulă
phusuqa urquna

tel
qaywina

sită
isanka

sită
suysuna

răzătoare
thupana

mojar
kutana

grătar
kawitu

loc pentru grătar
nina jap'ichina

bucătărie - wayk'una wasi

tocător

k'ullu kuchunapaq

sucitor

tuquru

tirbușon

sacacurchu

conservă

lata

deschizător de conserve

lata kichana

șervete termice

jap'ina

chiuvetă

chuwa mayllana

perie

sipillu

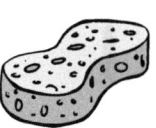

burete

ispunja

mixer

watidora

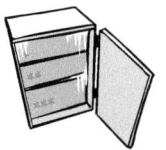

ladă frigorifică

ch'ullunkachina

biberon

biberon

robinet

grifo

bucătărie - wayk'una wasi

baie
akana wasi

- încălzire / kalefaksiun
- duș / armana
- prosop / ch'akina
- perdea de duș / arapa
- baie cu spumă / phusuqa mayllana
- cadă / bañera
- pahar / qhispi akilla
- mașină de spălat / makina mayllana
- robinet / grifo
- gresie / azulijo
- oală de noapte / manka jisp'ana
- chiuvetă / chuwa mayllana

toaletă
akana

toaletă turcească
yakupaka

bideu
bidet

pisoir
jisp'ana

hârtie igienică
papel higieniku

perie de toaletă
water pichana

baie - akana wasi

periuță de dinți
kiru khituna

pastă de dinți
kiru pasta

ață dentară
kiru q'aytu

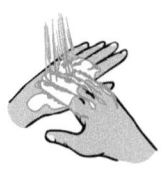
a spăla
mayllay

cap de duș
armana makiwan

duș intim
armana

lavoar
pila

perie pentru spate
wasa cepillo

săpun
t'arta

gel de duș
llukllu armanapaq

șampon
champu

cârpă de spălat
ch'akina

scurgere
ch'chi yaku wikch'una

cremă
krima

deodorant
kuntu wayllak'upaq

baie - akana wasi   39

oglindă — qhispi

oglindă cosmetică — qhawakunaqhispi

aparat de ras — mumikuna

spumă de ras — phusuqu mumikunapaq

aftershave — lusiun mumikunapaq

pieptene — sikrana

perie — kuiru khituna

uscător de păr — sekadora

fixator — ispray

machiaj — makillaji

ruj — simi llimp'ina

lac de unghii — llimp'i sillu

vată — ampi

foarfece de unghii — sillu k'utuna

parfum — untu

baie - akana wasi

neseser
wayaqa ch'usanapaq

taburet
chukuna

cântar
aysana

halat de baie
bata

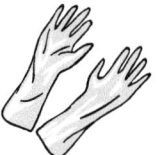
mănuși de cauciuc
maki wayaqa gumamanta

tampon
tampon

tampon
raphi ch'akina

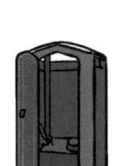
toaletă chimică
akanapaq tiyana kimiku

baie - akana wasi

camera copiilor

wawa k'uchu

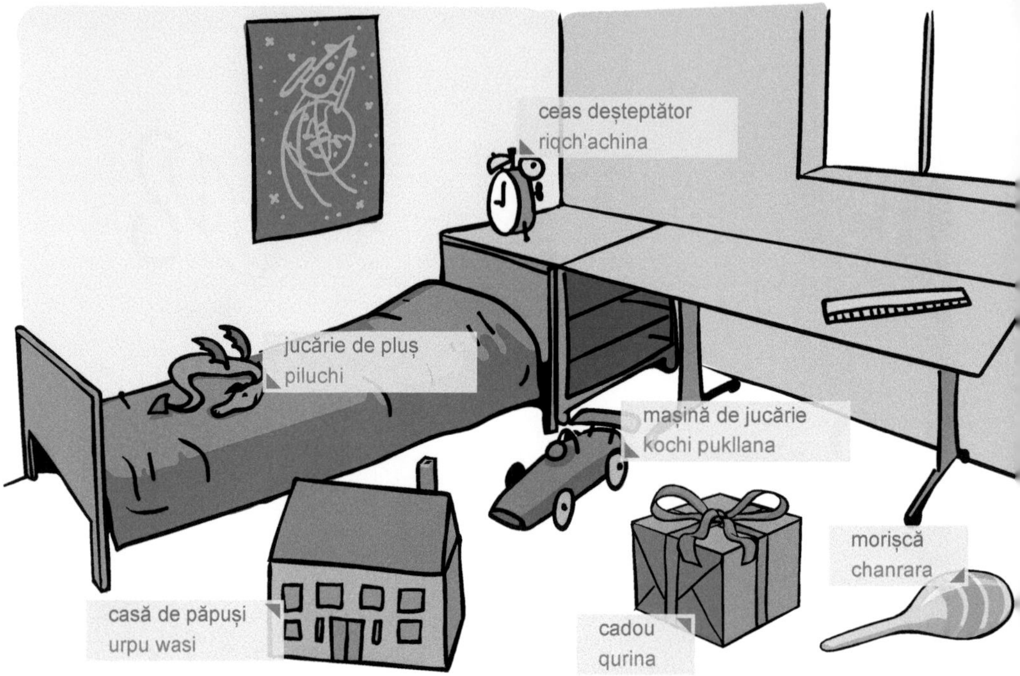

ceas deșteptător
riqch'achina
jucărie de pluș
piluchi
mașină de jucărie
kochi pukllana
morișcă
chanrara
casă de păpuși
urpu wasi
cadou
qurina

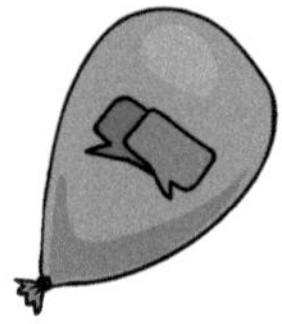

balon

phuyu phuku

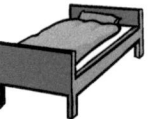

pat

puñuna

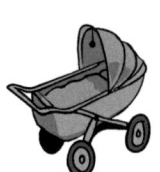

cărucior de copii

wawa kochi

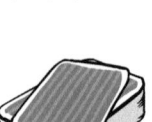

joc de cărți

naypi

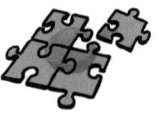

puzzle

pusli

SUPER MEGA

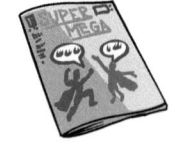

revistă de benzi desenate

riwista

cuburi lego
legukuna

piese pentru construcții
wluki pukllana

personaj din filmele de acțiune
figura aksionmanta

body
wuri wawapaq

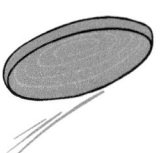
frisbee
friswi

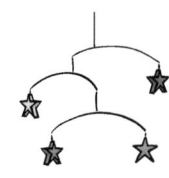
mobil
wawa marq'a

joc de societate
jamp'ara pukllana

zar
dado

set trenuleț de jucărie
trin iliktriko purina

suzetă
maniki

petrecere
raymi

carte cu poze
futu p'anqa

minge
p'ulu

păpușă
urpu

a se juca
pukllay

camera copiilor - wawa k'uchu

groapă de nisip
t'iyu p'utaki

leagăn
wallunk'a

jucării
pukllana

consolă video
wiriukunsula

tricicletă
trisiklu

ursuleț
jukumari pukllana

dulap
p'acha jallch'ana

îmbrăcăminte
p'acha

șosete
chakiwayaqa

ciorapi
chakiwayaqa qharipaq

dres
chakiwayaqa

îmbrăcăminte - p'acha

body
wuri

pantaloni
pantalu kurtu

blugi
wakiru

fustă
arphi

bluză
wulusa

cămașă
kamisa

pulover
chumpa

jerseu
chumpa

sacou
blazer

jachetă
chakita

palton
qhata

pelerină de ploaie
yawardina

costum
traji

rochie
wistiru

rochie de mireasă
wistiru nowiamanta

îmbrăcăminte - p'acha

costum
traji

cămașă de noapte
kamisun

pijama
piyama

sari
sari

batic
wandana

turban
turbante

burka
burka

caftan
kaftan

abaya
abaya

costum de baie
traje mayllakunapaq

șort
p'acha mayllakunpaq

pantaloni scurți
kurtu

trening
p'acha tukuy p'unchawpaq

șort
dilantal

mănuși
makiwayaqa

îmbrăcăminte - p'acha

nasture
ch'itana

ochelari
gafakuna

brățară
maki watana

lanț
wallqa

inel
siwi

cercel
linri quri

căciulă
q'aspa

umeraș
p'acha warkhuna

pălărie
chharara

cravată
kurbata

fermoar
pantalu wisk'ana

cască
kasku

bretele
tirantikuna

uniformă școlară
uniforme

uniformă
uniformi

îmbrăcăminte - p'acha

bavețică
llawsanapaq

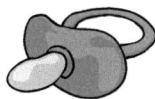
suzetă
maniki

scutec
jananta

birou
ujisina

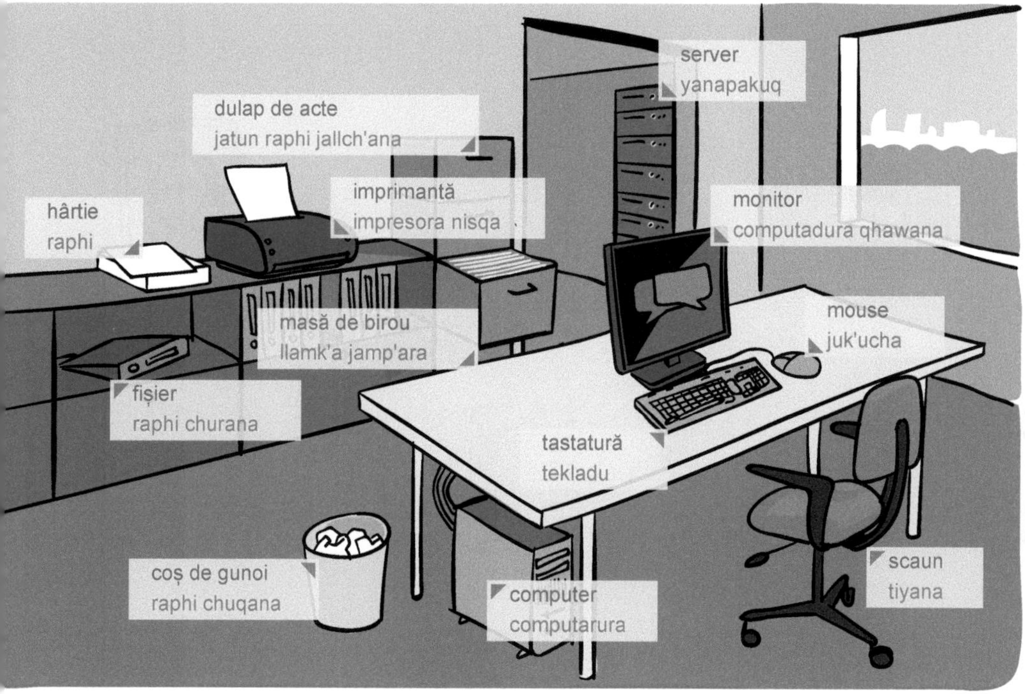

- server — yanapakuq
- dulap de acte — jatun raphi jallch'ana
- imprimantă — impresora nisqa
- monitor — computadura qhawana
- hârtie — raphi
- masă de birou — llamk'a jamp'ara
- mouse — juk'ucha
- fișier — raphi churana
- tastatură — tekladu
- coș de gunoi — raphi chuqana
- computer — computarura
- scaun — tiyana

ceașcă de cafea
tasa cajimanta

calculator
calcularura

internet
intirnit

birou - ujisina

laptop
laptop

scrisoare
chaki qillqa

mesaj
willachiy

telefon mobil
silular

rețea
red

copiator
futukopia

software
software

telefon
tilijunu

priză
toma corriente

fax
faks

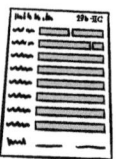
formular
jurmulario

document
asuy qillqa

birou - ujisina

economie
qullqikamay

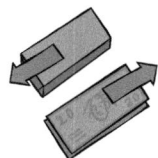
a cumpăra
ranqhay

a plăti
qupuy

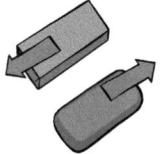
a face comerț
ranqhay

bani
qullqi

Dolar
dólar qullqi

Euro
iwro qullqi

Yen
yen qullqi

Rublă
ruwlu qullqi

Franc Elvețian
juranku swisu qullqi

renminbi yuan
rinminwi qullqi

Rupie
rupia qullqi

bancomat
kajiru awtumatiku

casă de schimb valutar
qullqi rantina wasi

aur
quri

argint
qullqi

petrol
pitruliu

energie
kallpa

preț
yupa

contract
mink'ay

impozit
impuistu

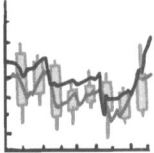

acțiune
aksiun

a munci
llamk'ay

angajat
llamk'achiq

angajator
llamk'achiq

fabrică
puquchiy kiti

magazin
tienda

economie - qullqikamay

ocupații
llamk'aykuna

polițist
ajinti policiamanta

pompier
wumwiru

bucătar
wayk'uq

medic
jampi kamayuq

pilot
pilutu

grădinar
inkill kamayuq

tâmplar
llaqllaykamayuq

cusătoreasă
siraykamayuq

judecător
khuskachaq

chimist
jampi ranqhaq

actor
aranwaq

șofer de autobuz
awtuwus q'iwiq

șofer de taxi
taksi q'iwiq

pescar
challwakamayuq

femeie de serviciu
pichaq

tinichigiu
wasip qhatan

chelnăr
wayna yanapaq

vânător
chakuykamayuq

pictor
llimp'iq

brutar
t'antiri

electrician
iliktrisista

muncitor în construcții
llam'kaq

inginer
k'llikacha

măcelar
ñak'aq

instalator
yaku kamayuq

poștaș
qillqa apaq

ocupații - llamk'aykuna

soldat
awqakuq

arhitect
wasikamayuq

casier
kajiru

florar
t'ikachaq

frizer
chukcharutuq

controlor
q'iwichiq

mecanic
mikaniku

căpitan
wamink'a

stomatolog
kirukamayuq

om de știință
jamawt'a

rabin
rawinu

imam
k'askachimuq

călugăr
munji

preot
tata kura

ocupații - llamk'aykuna

instrumente
ruk'awi

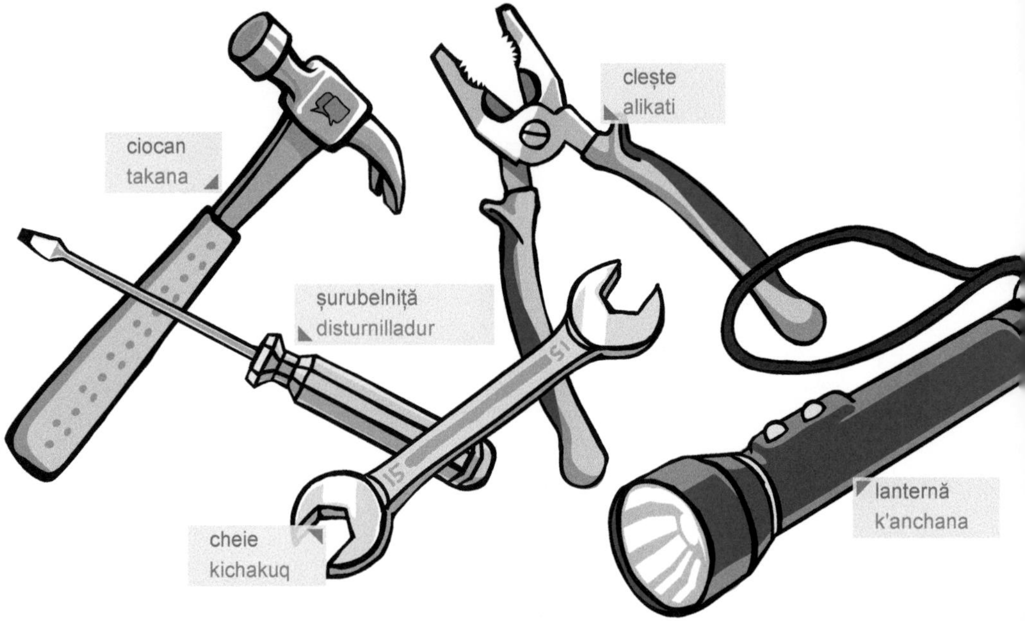

ciocan
takana

clește
alikati

șurubelniță
disturnilladur

cheie
kichakuq

lanternă
k'anchana

excavator
ikskawadura

cutie de scule
ruk'awi p'uktaki

scară
wichana makiyuq

ferăstrău
sierra

cuie
takarpu

burghiu
talaru

a repara
allinchay

lopată
lampa

La naiba!
¡Supay apachun!

făraș
q'upa tantana

vas pentru vopsea
llimp'i churana

șuruburi
turnillukuna

instrumente muzicale
takichiy nakuna

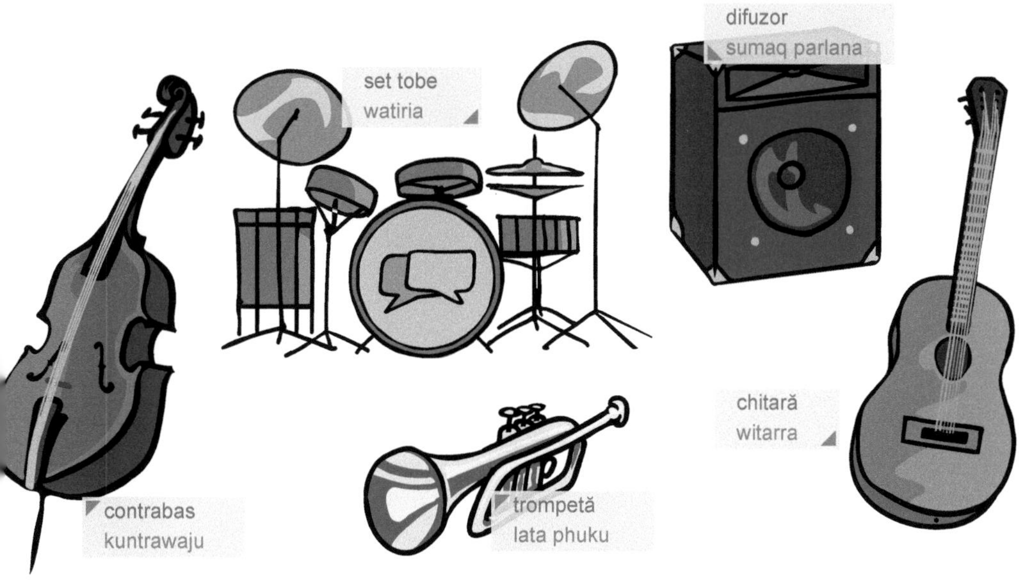

set tobe
watiria

difuzor
sumaq parlana

chitară
witarra

contrabas
kuntrawaju

trompetă
lata phuku

| pian | vioară | bas |
| pianu | wiulin | waju |

| trombon | tobă | keyboard |
| tinwalis | wankar | tikladu |

| saxofon | fluier | microfon |
| saksu | phukuna | mikrufunu |

instrumente muzicale - takichiy nakuna

grădină zoologică
jatun uywa kancha

- intrare / yaykuna
- tigru / uthurunku
- cușcă / ch'iwa
- zebră / siwra
- mâncare pentru animale / uywa mikhunan
- panda / panda

animale
uywa

elefant
ilijanti

cangur
kanguru

rinocer
rinusirunti

gorilă
gurila

urs
jukumari

cămilă
kamillu

struț
suri

leu
puma

maimuță
k'usillu

flamingo
pariwana

papagal
q'ichichi

urs polar
pular jukumari

pinguin
pinwinu

rechin
tiwurun

păun
pawu

șarpe
katari

crocodil
kukuwurilu

îngrijitor grădina zoologică

jatun uywa kancha arariwa

focă
fuka

jaguar
uthurunku

grădină zoologică - jatun uywa kancha

ponei
puni

leopard
lliwpardu

hipopotam
hipuputamu

girafă
jirafa

acvilă
anka

porc mistreț
sintiru

pește
challwa

broască țestoasă
turtuga

morsă
mursa

vulpe
atuq

gazelă
gacila

grădină zoologică - jatun uywa kancha

sport
atipanaku pukllay

activități
ruwakuna

- a sări — phinkiy
- a râde — asiy
- a îmbrățișa — mak'alliy
- a merge — puriy
- a cânta — takiy
- a visa — musquy
- a se ruga — mañakuy
- a săruta — much'ay

a scrie
qillqay

a desena
t'iktuy

a arăta
qhawachiy

a împinge
tanqay

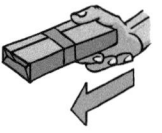

a da
quy

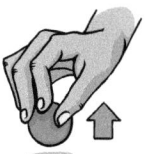

a lua
uqhariy

activități - ruwakuna

a avea
yuq

a face
ruway

a fi
kay

a sta în picioare
sayay

a fugi
t'ijuy

a trage
chuqay

a arunca
chuqay

a cădea
urmay

a sta întins
siriy

a aștepta
suyay

a purta
apay

a ședea
chukuchiy

a se îmbrăca
p'achachakuy

a dormi
puñuy

a se trezi
rikch'ay

activități - ruwakuna

a privi
qhaway

a plânge
waqay

a mângâia
waylluy

a se pieptăna
sikray

a vorbi
rimay

a înțelege
unanchay

a întreba
tapuy

a asculta
uyariy

a bea
upyay

a mânca
mikhuy

a face ordine
kamachiy

a iubi
khuyay

a găti
wayk'uy

a conduce
q'iwiy

a zbura
phaway

activități - ruwakuna

a naviga
wamp'uy

a calcula
yupanchay

a citi
ñawiriy

a învăța
yachay

a munci
llamk'ay

a se căsători
sawaray

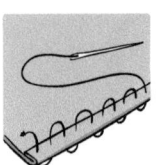
a coase
siray

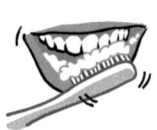
a se spăla pe dinți
kiru khitukuy

a ucide
wanchiy

a fuma
pitay

a trimite
kachay

activități - ruwakuna

familie
yawar masikuna

- bunică / jatun mama
- bunic / jatun tata
- tată / tata
- mamă / mama
- bebeluș / wawa
- soră / warmi wawa/ ususi
- fiu / qhari wawa/ churin

oaspete
jamuynisqa

mătușă
ipa

unchi
kaki

frate
tura/wawqi

soră
ñaña/pana

familie - yawar masikuna

corp
uqhu

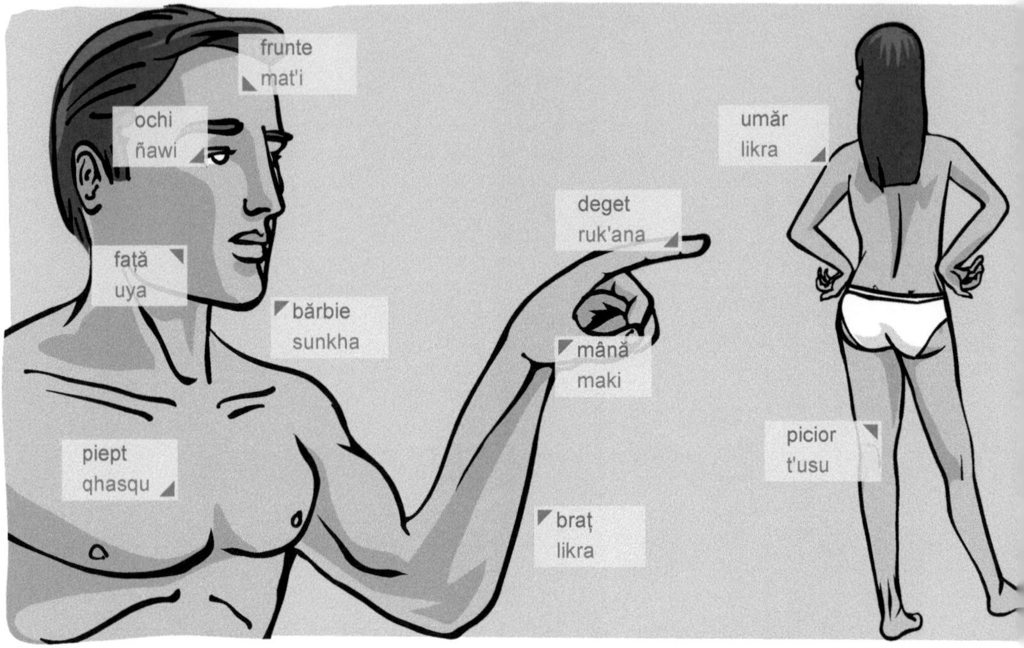

frunte
mat'i

ochi
ñawi

umăr
likra

deget
ruk'ana

față
uya

bărbie
sunkha

mână
maki

piept
qhasqu

picior
t'usu

braț
likra

bebeluș
wawa

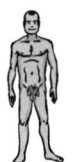

bărbat
qhari

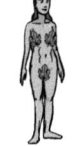

femeie
warmi

față
sipas

băiat
yuqalla

cap
uma

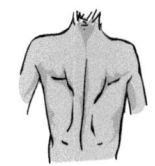
spate
wasa

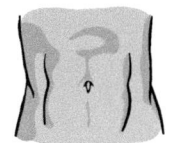
abdomen
wisa ukhu

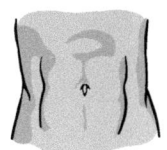
ombilic
pupu

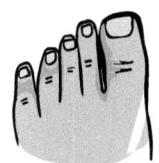
deget de la picior
ruk'ana

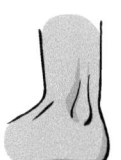
călcâi
takillpa

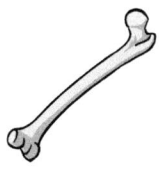
os
tullu

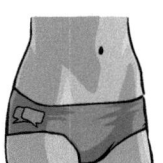
șold
chaka

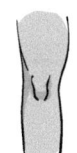
genunchi
muqu

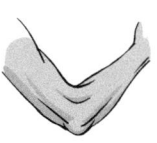
cot
maki muqu

nas
sinqa

fund
siki

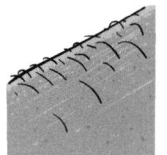
piele
qara

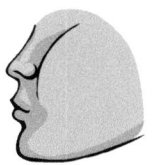
obraz
k'aqlla

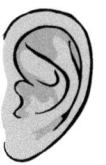
ureche
linri

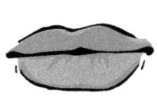
buză
sipri

corp - uqhu

gură
simi

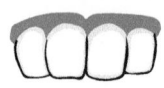
dinte
kiru

limbă
qallu

creier
ñuqtu

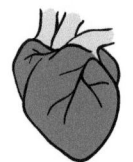
inimă
sunqu

muşchi
mach'i

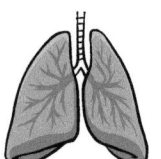
plămân
surq'an

ficat
k'iwicha

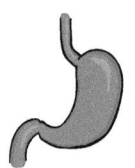
stomac
wisa

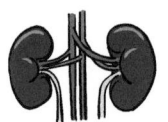
rinichi
wasa ruru

sex
lluq'anaku

prezervativ
condon

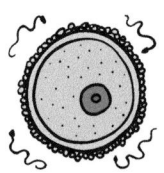
ovul
ch'uytu

spermă
yuma

sarcină
wiksayuq kay

corp - uqhu

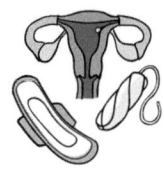

menstruație

k'ikuy

vagin

rakha

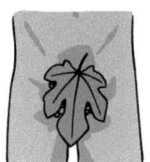

penis

ullu

sprânceană

qhichira

păr

chukcha

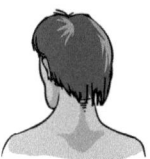

gât

kunka

spital
Jampina wasi

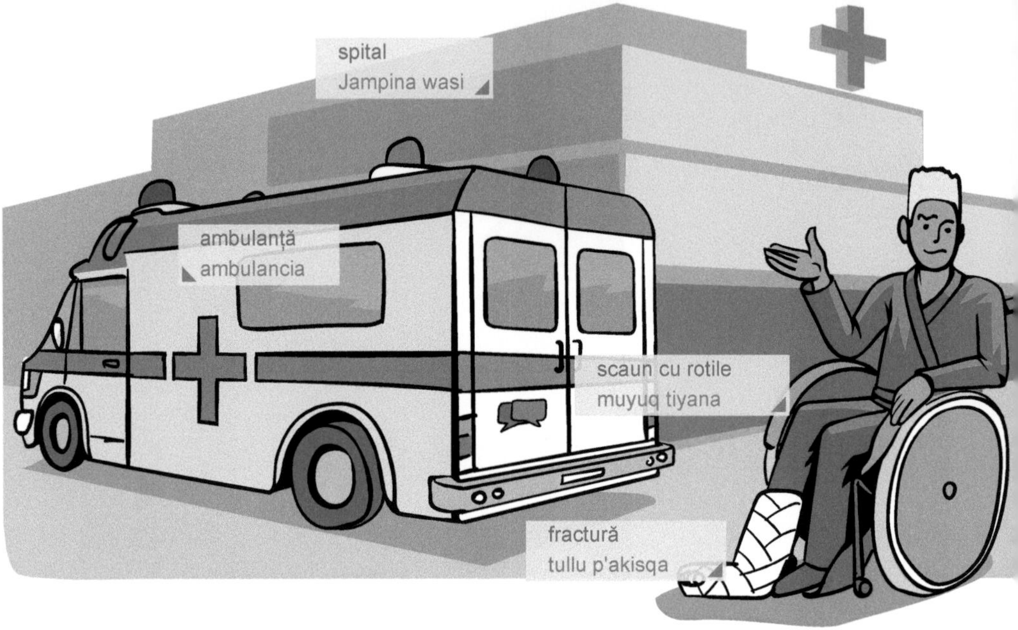

spital
Jampina wasi

ambulanță
ambulancia

scaun cu rotile
muyuq tiyana

fractură
tullu p'akisqa

medic
jampi kamayuq

unitate de primiri urgențe
urgencia wasi

soră medicală
jampi yanapaq

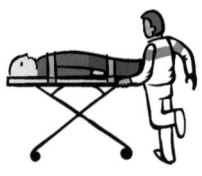

urgență
urjinsia

inconștient
mana yuyayniyuqchu

durere
nanay

spital - Jampina wasi

leziune
ñuti

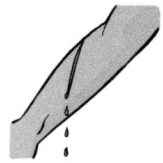

sângerare
sirk'ay

infarct miocardic
infarto

atac cerebral
wayra

alergie
millachikuq

tuse
ch'uju

febră
k'aja unquy

gripă
p'urqi

diaree
q'icha

durere de cap
uma nanay

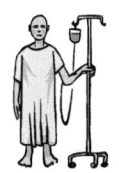

cancer
isqu unquy

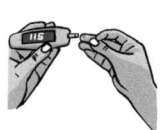

diabet
diyawitis

chirurg
jampi kamayuq

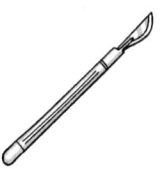

scalpel
bisturi

operație
upirasiun

spital - Jampina wasi

 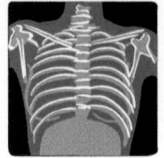 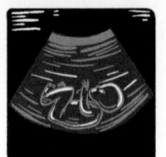

CT	raze Röntgen	ultrasunet
TAC	tullurikuchi	ultrasunidu

mască	boală	sală de așteptare
jark'ana	unquy	suyanapaq k'illi wanlla

cârjă	plasture	bandaj
tawna	tinta	manku

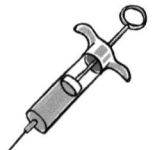 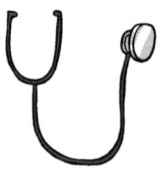 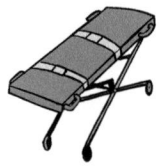

injecție	stetoscop	targă
inyiksiun	istituskupiu	kallapu

termometru	naștere	supraponderabilitate
llaphi tupuna tupu	paqarisqa	wirachasqa

spital - Jampina wasi

aparat auditiv
audifono

dezinfectant
disinjiktanti

infecție
q'iyacha

virus
miyu

HIV/SIDA
VIH / SIDA

medicină
jampi

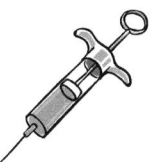
vaccin
wakuna

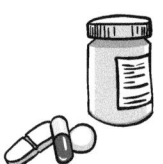
tablete
tawlitakuna

pastilă
pastilla

apel de urgență
usqay waqyana

aparat de măsurare a presiunii arteriale
tinsiumitru

bolnav/sănătos
unqusqa / qhali

spital - Jampina wasi

urgență
urjinsia

alarmă
alarma

agresiune
manchay

Ajutor!
¡Yaw!

atac
waykha

pericol
chhiki

ieșire de urgență
punku utqay lluqsinapaq

Foc!
¡Nina!

extinctor
nina wañichiq

accident
ñak'ariy

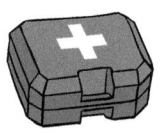
trusă de prim-ajutor
botiquin de primeros auxilios

SOS
SOS

poliție
pulisiya

pământ
Pacha

Europa
Iwrupa

America de Nord
Chincha Amerika

America de Sud
Qulla Amerika

Africa
Ajurika

Asia
Asia

Australia
Awstralia

Altantic
Atlantiku

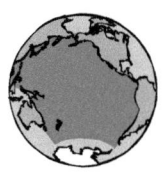

Pacific
Pasijiku

Oceanul Indian
Indiku mama qucha pacha

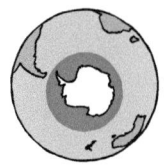

Oceanul Antarctic
Antartiku mama qucha pacha

Oceanul Arctic
Artiku mama qucha pacha

Polul Nord
chincha pulu

pământ - Pacha

Polul Sud	Antarctica	pământ
qulla pulu	Antartida	Pacha

țară	mare	insulă
jallp'a	mama qucha	tara

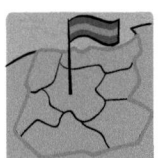 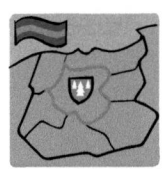

națiune	stat
llaqta	Suyu

ceas
phani (kuna)

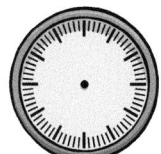

cadran
muruq'u

orar
phani tuqsiq

minutar
chininiq

secundar
ch'ipu yupaq

Cât e ceasul?
¿Ima phanitaq?

zi
p'unchaw

timp
pacha

acum
kunan

cead digital
dijital inti watana

minut
chinini

oră
phani

săptămână
qanchischaw

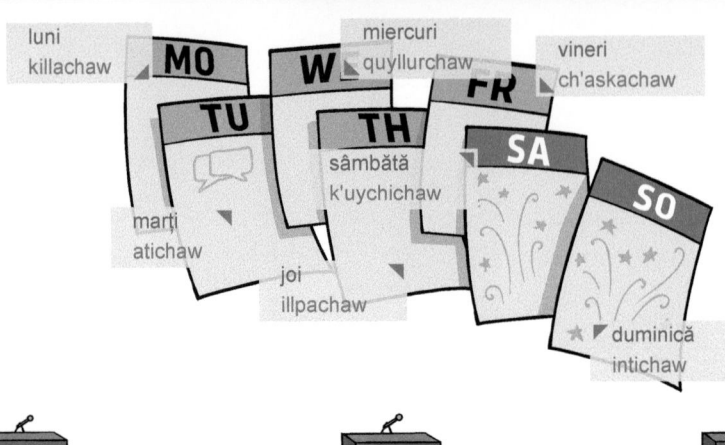

luni
killachaw

marți
atichaw

miercuri
quyllurchaw

joi
illpachaw

vineri
ch'askachaw

sâmbătă
k'uychichaw

duminică
intichaw

ieri
qayna

azi
kunan

mâine
p'unchaw

dimineață
p'unchaw

amiază
chawpi p'unchaw

seară
sukha

zile lucrătoare
llamk'ana p'unchawkuna

week-end
tukuq qanchischawnin

an
wata

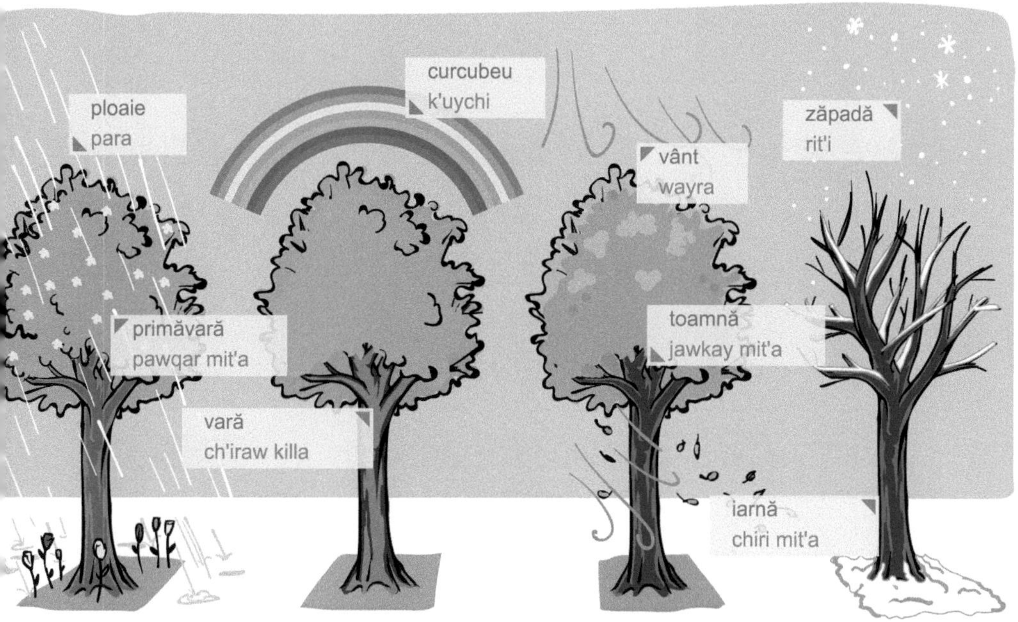

ploaie
para
curcubeu
k'uychi
vânt
wayra
zăpadă
rit'i
primăvară
pawqar mit'a
toamnă
jawkay mit'a
vară
ch'iraw killa
iarnă
chiri mit'a

4.APRIL 11°
5.APRIL 4°
6.APRIL 13°
7.APRIL 8°
8.APRIL 10°

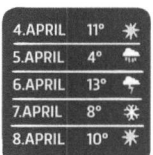

prognoză meteo

inti raki

F C
120 40
90 30
60 20
30 10
0 0
-30 -10
-20

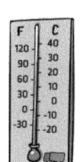

termometru

tirmumitru

lumina soarelui

inti

nor

phuyu

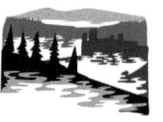

ceață

phuyu

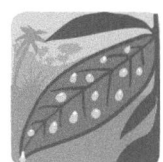

umiditate a aerului

juq'u

fulger
illapa

tunet
illapa

furtună
tamya

grindină
chikchi

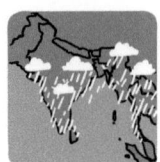

muson
muyuq wayra

inundație
lluqlla

gheață
chullunka

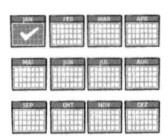

ianuarie
qhaqmiy killa

februarie
jatunpuquy killa

martie
pachapuquy killa

aprilie
ariwaki killa

mai
aymuray killa

iunie
jawkaykuskuy killa

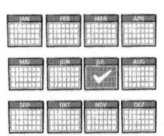

iulie
chakrakunakuy killa

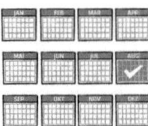

august
chakraypuy killa

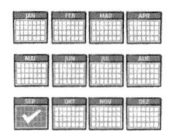
septembrie
tarpuy killa

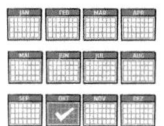
octombrie
pawqarwara killa

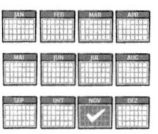
noiembrie
ayamarq'ay killa

decembrie
qhapaq inti raymi killa

forme
pacha tupusqa rikch'ay

cerc
muyu yupa

pătrat
tawak'uchu yupa

dreptunghi
sayt'u yupa

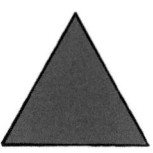
triunghi
kimsa k'uchu yupa

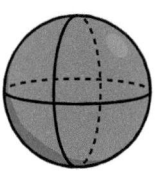
sferă
muruq'u

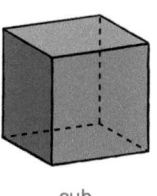
cub
yupa wayru

forme - pacha tupusqa rikch'ay 83

culori
llimp'ikuna

alb
yurak

galben
q'illu

portocaliu
willapi

roz
panti

roșu
puka

violet
kulli

albastru
anqas

verde
q'umir

maro
ch'umpi

gri
uqi

negru
yana

antonime
wakjinakuna

mult/puțin
achkha / pisi

furios/calm
phiña / qhasi

frumos/urât
k'acha / millay

început/sfârșit
qallariy / tukuy

mare/mic
jatun / juch'uy

luminos/întunecat
sut'i / tuta

frate/soră
wawqi / pana

curat/murdar
llimphu / ch'ichi

complet/incomplet
junt'asqa / mana junt'asqa

zi/noapte
p'unchaw / tuta

mort/viu
wañusqa / kawsaq

lat/strâmt
chhuqu / k'ichki

comestibil/necomestibil

mikhunapaq / mana mikhunapaqchu

rău/prietenos

sakra / k'acha

emoționat/plictisit

kusisqa / majisqa

gras/slab

rakhu / tullu

primul/ultimul

ñawpaq / qhipa

prieten/inamic

masi / awqa

plin/gol

junt'a / ch'in

tare/moale

k'urki / llamp'u

greu/ușor

llasa / chhalla

foame/sete

yarqhay / ch'akiy

bolnav/sănătos

unqusqa / qhali

ilegal/legal

chanin / mana chanin

inteligent/stupid

yuyaysapa / upa

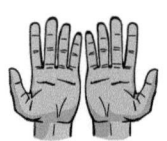

stânga/drepta

lluq'i / paña

aproape/departe

qaylla / karu

nou/uzat

musuq / mawk'a

nimic/ceva

ch'usaq / imapis

bătrân/tânăr

machu / wayna

pornit/oprit

jap'isqa / wanchisqa

deschis/închis

kichasqa / wisq'asqa

încet/tare

ch'in / ch'aqwa

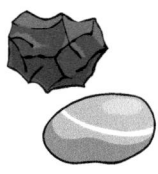

bogat/sărac

qhapaq / wakcha

corect/fals

chiqan / mana chiqan

aspru/neted

qhachqa / llamp'u

trist/fericit

llakisqa / kusi

lung/scurt

k'aka / karu

încet/repede

jayra / utqay

ud/uscat

juq'u / ch'aki

cald/rece

rupha / chiri

război/pace

awqay / sunqu tiyakuy

antonime - wakjinakuna

cifre
yupaykuna

0
zero
ch'usak

1
unu
uk

2
doi
iskay

3
trei
kimsa

4
patru
tawa

5
cinci
phichqa

6
șase
suqta

7
șapte
qanchis

8
opt
pusaq

9
nouă
jisq'un

10
zece
chunka

11
unsprezece
chunka ukniyuq

12

douăsprezece
chunka iskayniyuq

13

treisprezece
chunka kimsayuq

14

paisprezece
chunka tawayuq

15

cincisprezece
chunka phichkayuq

16

șaisprezece
chunka suqtayuq

17

șaptesprezece
chunka qanchisniyuq

18

optsprezece
chunka pusaqniyuq

19

nouăsprezece
chunka jsq'unniyuq

20

douăzeci
iskay chunka

100

o sută
pacha

1.000

o mie
waranqa

1.000.000

un milion
junu

cifre - yupaykuna

limbi
simikuna

engleză
inklis simi

engleză americană
amerikanu inklis simi

chineza mandarină
mandarin chinu simi

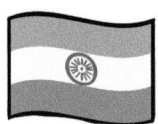

hindi
jindi simi

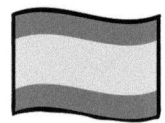

spaniolă
castilla simi

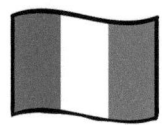

franceză
fransis simi

arabă
arabia simi

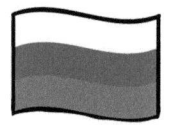

rusă
rusia simi

protugheză
purtugal simi

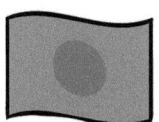

bengaleză
bingali simi

germană
alimania simi

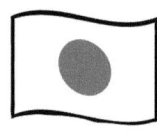

japoneză
japun simi

cine/ce/cum
pi / ima / imayna

eu
ñuqa

tu
qam

el/ea
pay / pay / chay

noi
ñuqanchik

voi
qamkuna

ea
paykuna

cine?
¿pitaq?

ce?
¿imataq?

cum?
¿imaynataq?

unde?
¿maypitaq?

când?
¿mayk'aq?

nume
suti

unde
maypi

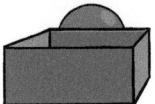

în spate

qhipa

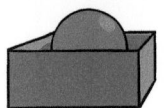

în

pi

înainte

ñawpaq

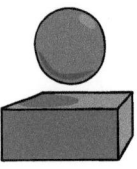

peste

pantanpi

pe

pata

sub

uranpi

lângă

kuska

între

chawpi

loc

chiqan